# SUPERPHONIC BINGO

## Fun with Phonics for Spelling and Literacy
### *Breaking the Sounds Barrier*

# Maryanna Phillips Koehring

# PRO LINGUA ASSOCIATES

To Mama ~

A great teacher of English

## Pro Lingua Associates, Publishers

P.O. Box 1348. Brattleboro, Vermont 05302-1348 USA
Office: 802 257 7779; Orders: 800 366 4775
Fax: 802 257 5117
WebStore: www.ProLinguaAssociates.com
Email: info@ProLinguaAssociates.com
        orders@ProLinguaAssociates.com
SAN: 216-0579

*At* **Pro Lingua**
*our objective is to foster an approach*
*to learning and teaching that we call*
**interplay,** *the* **inter***action of language*
*learners and teachers with their materials,*
*with the language and culture,*
*and with each other in active, creative*
*and productive* **play.**

Copyright © 2006 Pro Lingua Associates

ISBN 0-86647-250-9

*Superphonic Bingo* was edited by Raymond C. Clark

The book was set in a font called Trebuchet.  The text and cover designs are by Arthur A. Burrows. Printing and binding are by United Graphics, Inc., in Mattoon, Illinois.

Printed in the United States of America
First edition, First printing 2006   1500 copies in print.

# Introduction

*Superphonic Bingo* is designed to help students with literacy and spelling. This book can accompany but does not depend on Pro Lingua's *From Sound to Sentence*. Each unit is designed to reinforce reading skills while creating a fun atmosphere of game-playing. The games should be played sequentially from Game 1 (five short vowels and nine consonants) to Game 15 (all vowels and consonants).

The purpose of *Superphonic Bingo* is to give practice in recognizing the common spellings of the sounds of English. However, there are differences in pronunciation among national varieties of English, as well as dialect differences and even individual idiolect differences. For example, "pot" is generally pronounced with an ŏ, but some people use an ă and even an ô. For this reason, it is important to check your own pronunciation against the words that are used in the games and make changes as necessary.

As in the traditional game of bingo, students will try to cover five spaces horizontally, diagonally, or vertically while applying beginning literacy skills.

## Directions

It is suggested that the students become familiar with the words in a unit before beginning the game. Since this version of bingo is based on the reinforcement of basic phonic patterns, you should model the pronunciation of each word, noting the spelling similarities and differences within each column. When possible, we have selected frequently-occurring words that most English language learners will be familiar with. You will note, however, that occasionally there are less-familiar words (i.e., game 15 with "zest" and "zeal") in order to exemplify basic English phonics.

## Set-up

There are 15 different bingo games with 8 cards each. Each student can have a different card, or you can group 2-3 students together with a card depending on how many students you have. If you need more cards, another option is to use the two half-filled cards at the end of each section. You can use these either to supplement the 8 complete cards or give the entire class the half-filled cards. You can photocopy the teacher list for the students and let them fill in the empty boxes with words from the list making their card unique. Also note that the entirely blank card on page 91 can be used for this purpose or for playing games with lists that you have invented.

Each student or group of students gets bingo markers for the card. There is a photocopyable sheet of *Superphonic Bingo* markers on page 91. The students or teacher can cut them out before the game. Pennies, buttons, or beans can also be used for markers.

## Playing the Game

Select any word from the teacher word list, call it out once or twice, and wait a few moments for the students to look for that word on the card. If the student has the word that you called out on their card, they cover it with a bingo marker. Then you call out another word at random, making sure to vary the selection by calling words from other columns. The students continue to cover up the words called out on their bingo cards. The first student or students to cover five words in a row diagonally, horizontally, or vertically wins. The winning student raises their hand and calls out, "Bingo!"

## Variations

You can announce before the start of the game that the winner will be the first student who can successfully cover words filling their full card, on all four corners, or the two diagonals forming an X, etc.

# Game 1
## Short vowels; 9 consonants P B T D S M N L R

| A/a ă | E/e ě | I/i ĭ | O/o ŏ | U/u ŭ * |
|-------|-------|-------|-------|---------|
| pan | pet | pin | pop | pup |
| bat | bed | bib | rot | bus |
| tan | ten | tip | top | tub |
| dad | den | did | dot | dud |
| sat | set | sit | sob | sum |
| map | met | mid | mop | mud |
| nap | net | nip | not | nut |
| lad | let | lip | lot | sun |
| ran | red | rip | Bob | run |
| Pat | Deb | Tim | Rob | sub |
| Nan | Mel | Sid | Lon | Bud |

\* The pronunciation symbols in this book are from the American Heritage Dictionary.

*1.1*

| A ă | E ĕ | I ĭ | O ŏ | U ŭ |
|-----|-----|-----|-----|-----|
| pan | pet | Tim | pop | pup |
| Pat | Deb | bib | rot | bus |
| tan | ten | tip | Rob | tub |
| dad | den | did | dot | Bud |
| bat | bed | pin | top | dud |

*1.2*

| A ă | E ĕ | I ĭ | O ŏ | U ŭ |
|-----|-----|-----|-----|-----|
| sat | set | sit | sob | sum |
| Nan | met | mid | Lon | mud |
| nap | net | Sid | not | nut |
| lad | let | lip | lot | sun |
| map | Mel | nip | mop | dud |

| A ă | E ě | I ĭ | O ŏ | U ŭ |
|-----|-----|-----|-----|-----|
| ran | red | rip | Bob | run |
| pan | pet | tip | mop | Bud |
| dad | set | mid | sob | nut |
| map | Mel | Tim | dot | mud |
| Pat | let | bib | Lon | sum |

| A ă | E ě | I ĭ | O ŏ | U ŭ |
|-----|-----|-----|-----|-----|
| bat | Deb | pin | pop | pup |
| Nan | met | Sid | Bob | run |
| ran | red | nip | not | dud |
| lad | net | sit | lot | sun |
| nap | den | did | rot | sub |

*1.5*

| A ă | E ĕ | I ĭ | O ŏ | U ŭ |
|-----|-----|-----|-----|-----|
| tan | ten | bib | Rob | bus |
| sat | bed | lip | top | tub |
| Nan | met | rip | sob | run |
| ran | Mel | Tim | mop | mud |
| dad | pet | tip | lot | pup |

*1.6*

| A ă | E ĕ | I ĭ | O ŏ | U ŭ |
|-----|-----|-----|-----|-----|
| tan | ten | Sid | not | bus |
| map | bed | did | top | sum |
| sat | let | mid | Lon | nut |
| Pat | Deb | lip | dot | tub |
| pan | net | sit | rot | sub |

**4**

*1.7*

| A ă | E ĕ | I ĭ | O ŏ | U ŭ |
|-----|-----|-----|-----|-----|
| bat | den | pin | mop | dud |
| nap | set | bib | Bob | sun |
| lad | red | nip | rot | Bud |
| pan | pet | Tim | top | sub |
| Pat | Deb | tip | Rob | bus |

*1.8*

| A ă | E ĕ | I ĭ | O ŏ | U ŭ |
|-----|-----|-----|-----|-----|
| bat | ten | Sid | top | pup |
| tan | bed | pin | pop | bus |
| dad | den | sit | dot | sum |
| ran | Mel | lip | lot | sun |
| lad | let | rip | Bob | Bud |

    **5**    

*1.9*

| A  ă | E  ĕ | I  ĭ | O  ŏ | U  ŭ |
|------|------|------|------|------|
| Pat  |      | rip  | Rob  | nut  |
|      | net  |      |      |      |
| nap  |      | did  |      | bus  |
|      | red  |      | pop  |      |
| bat  |      | tip  |      | run  |

*1.10*

| A  ă | E  ĕ | I  ĭ | O  ŏ | U  ŭ |
|------|------|------|------|------|
| Nan  |      | bib  |      | sun  |
|      | den  |      | not  |      |
| nap  |      | mid  |      | tub  |
|      | Mel  |      | Lon  |      |
| sat  |      | lip  |      | Bud  |

# Game 2

## Short vowels; New consonants: C  K  CK G  H  F  V*

| A/a<br>ă | E/e<br>ĕ | I/i<br>ĭ | O/o<br>ŏ | U/u<br>ŭ |
|------|------|------|------|------|
| sack | set | sick | sock | sun |
| tag | bet | bit | top | tub |
| pack | peg | pig | pot | pun |
| can | peck | pick | cop | cup |
| cap | pet | kit | rock | puck |
| gas | get | him | got | gum |
| ham | hen | hip | hog | hug |
| fan | den | fit | fog | fun |
| vat | vet | fig | hot | hum |
| Cam | Ken | Vin | Ron | Gus |
| Van | Len | Kim | Fon | Hub |

*Consonants from Game 1 are also used in this game.

**7**

2.1

| A ă | E ĕ | I ĭ | O ŏ | U ŭ |
|------|------|------|------|------|
| sack | set | sick | sock | sun |
| tag | Ken | bit | top | tub |
| pack | peg | pig | Ron | pun |
| can | peck | pick | cop | cup |
| Cam | bet | Vin | pot | Gus |

2.2

| A ă | E ĕ | I ĭ | O ŏ | U ŭ |
|------|------|------|------|------|
| cap | pet | kit | rock | puck |
| gas | get | him | got | gum |
| Van | hen | hip | Fon | hug |
| fan | den | fit | fog | fun |
| ham | Len | Kim | hog | Hub |

**8**

2.3

| A ă | E ĕ | I ĭ | O ŏ | U ŭ |
|-----|-----|-----|-----|-----|
| vat | vet | fig | hot | hum |
| can | pet | pick | got | Gus |
| cap | Len | kit | rock | puck |
| tag | bet | Vin | cop | tub |
| Cam | peck | bit | Fon | cup |

2.4

| A ă | E ĕ | I ĭ | O ŏ | U ŭ |
|-----|-----|-----|-----|-----|
| cap | hen | Kim | Fon | puck |
| vat | peg | hip | hot | hum |
| sack | set | fig | got | sun |
| Van | pet | pick | fog | cup |
| gas | Len | fit | hog | tub |

2.5

| A ă | E ě | I ĭ | O ŏ | U ŭ |
|-----|-----|-----|-----|-----|
| ham | bet | Vin | hog | pun |
| Cam | get | pig | cop | gum |
| tag | peck | him | Ron | hug |
| fan | vet | bit | rock | Hub |
| pack | Ken | kit | sock | fun |

2.6

| A ă | E ě | I ĭ | O ŏ | U ŭ |
|-----|-----|-----|-----|-----|
| gas | den | fit | cop | hum |
| ham | get | Kim | fog | cup |
| Cam | bet | pick | top | Gus |
| Van | pet | pig | hog | pun |
| can | Len | sick | Ron | tub |

**10**

2.7

| A ă | E ĕ | I ĭ | O ŏ | U ŭ |
|-----|-----|-----|-----|-----|
| can | Len | fig | got | gum |
| sack | vet | kit | sock | sun |
| vet | set | Kim | hog | hug |
| fan | peg | pick | top | hum |
| Cam | den | fit | Fon | Gus |

2.8

| A ă | E ĕ | I ĭ | O ŏ | U ŭ |
|-----|-----|-----|-----|-----|
| tag | hen | hip | pot | pun |
| pack | Ken | sick | Ron | fun |
| gas | get | him | cop | cup |
| ham | peck | Vin | fog | Hub |
| Van | bet | kit | rock | puck |

**11**

2.9

| A ă | E ĕ | I ĭ | O ŏ | U ŭ |
|-----|-----|-----|-----|-----|
| sack | | him | | gum |
| | hen | | hot | |
| Cam | | fig | | Hub |
| | pet | | rock | |
| cap | | kit | | puck |

2.10

| A ă | E ĕ | I ĭ | O ŏ | U ŭ |
|-----|-----|-----|-----|-----|
| Van | | hip | | fun |
| | get | | sock | |
| cap | | sick | | sun |
| | vet | | top | |
| gas | | him | | hug |

# Game 3
## Short Vowels; New Consonants W Y J  QU  Z  ZZ X H D B*

| A/a | E/e | I/i | O/o | U/u |
| ă | ĕ | ĭ | ŏ | ŭ |
| sax | vet | lip | sob | luck |
| fad | zen | six | cop | sup |
| tax | jet | pix | rock | tub |
| wag | let | wig | pox | tug |
| wax | web | win | hop | lug |
| yam | wet | quit | jot | hug |
| jazz | yes | quiz | jog | yum |
| jam | yet | zip | job | jug |
| zap | Ken | Quin | Zon | rug |
| Hal | Tex | Yip | Jon | Jud |
| Yaz | Jen | Jim | Dot | Buzz |

*Consonants from Games 1 and 2 are also used in this game.

3.1

| A  ă | E  ě | I  ĭ | O  ŏ | U  ŭ |
|------|------|------|------|------|
| sax | vet | lip | sob | luck |
| zap | zen | six | Jon | sup |
| tax | Ken | pix | rock | tub |
| wag | Tex | wig | pox | tug |
| Hal | let | Yip | cop | Jud |

3.2

| A  ă | E  ě | I  ĭ | O  ŏ | U  ŭ |
|------|------|------|------|------|
| wax | web | win | hop | lug |
| yam | wet | quit | jot | hug |
| jazz | yes | Jim | jog | yum |
| Yaz | yet | zip | job | jug |
| jam | Jen | quiz | Zon | Buzz |

**14**

3.3

| A ă | E ĕ | I ĭ | O ŏ | U ŭ |
|-----|-----|-----|-----|-----|
| zap | jet | Quin | Zon | rug |
| wag | web | wig | jot | tug |
| wax | Ken | quit | hop | Jud |
| jam | wet | Yip | pox | hug |
| yam | Jen | pix | Dot | luck |

3.4

| A ă | E ĕ | I ĭ | O ŏ | U ŭ |
|-----|-----|-----|-----|-----|
| fad | wet | win | job | sup |
| sax | vet | Yip | sob | yum |
| tax | web | lip | jot | luck |
| zap | Tex | six | cop | jug |
| jam | zen | quiz | rock | tub |

3.5

| A<br>ă | E<br>ě | I<br>ĭ | O<br>ŏ | U<br>ŭ |
|---|---|---|---|---|
| wag | Ken | zip | pox | tug |
| wax | yes | pix | jog | jug |
| jazz | let | Quin | Jon | lug |
| jam | Jen | wig | Dot | Buzz |
| Yaz | yet | Yip | job | hug |

3.6

| A<br>ă | E<br>ě | I<br>ĭ | O<br>ŏ | U<br>ŭ |
|---|---|---|---|---|
| zap | jet | Jim | Zon | rug |
| yam | web | six | jot | Jud |
| tax | Tex | lip | hop | luck |
| Yaz | Jen | Yip | cop | Buzz |
| fad | yet | wig | job | hug |

3.7

| A ă | E ě | I ĭ | O ŏ | U ŭ |
|-----|-----|-----|-----|-----|
| fad | jet | win | Dot | sup |
| sax | vet | quit | sob | yum |
| Hal | zen | quiz | rock | tub |
| wax | yes | pix | jog | jug |
| jazz | let | Quin | Jon | lug |

3.8

| A ă | E ě | I ĭ | O ŏ | U ŭ |
|-----|-----|-----|-----|-----|
| Hal | yes | Jim | tot | tub |
| jazz | wet | quit | jog | Buzz |
| yam | zen | six | Dot | lug |
| wax | Tex | win | Zon | hug |
| tax | jet | quiz | jot | yum |

**17**

3.9

| A ă | E ĕ | I ĭ | O ŏ | U ŭ |
|---|---|---|---|---|
| sax | | quit | | tug |
| | wet | | Jon | |
| wag | | zip | | rug |
| | Jen | | sob | |
| Hal | | Jim | | Jud |

3.10

| A ă | E ĕ | I ĭ | O ŏ | U ŭ |
|---|---|---|---|---|
| fad | | lip | | yum |
| | web | | jog | |
| wax | | Quin | | luck |
| | yes | | pox | |
| Yaz | | wig | | sup |

**18**

# Game 4
## Short Vowels; 4-5 letters;
## Consonant clusters  ST SN SP BL PL SL BR DR PR and LL SS

| A/a ă | E/e ĕ | I/i ĭ | O/o ŏ | U/u ŭ |
|-------|-------|-------|-------|-------|
| past  | step  | list  | stop  | stub  |
| snap  | sped  | snip  | snob  | snub  |
| spam  | prep  | lisp  | spot  | spud  |
| blab  | bled  | slip  | blog  | plug  |
| plan  | sled  | brim  | plot  | slug  |
| slap  | dress | drip  | slog  | drum  |
| brat  | press | prim  | drop  | rust  |
| dram  | test  | fill  | prop  | must  |
| pram  | best  | slim  | boss  | dull  |
| Brad  | Nell  | Will  | Moss  | fuss  |
| Stan  | Tess  | Bill  | Ross  | Russ  |

4.1

| A<br>ă | E<br>ĕ | I<br>ĭ | O<br>ŏ | U<br>ŭ |
|---|---|---|---|---|
| past | step | list | stop | stub |
| snap | prep | snip | snob | Russ |
| Brad | sped | lisp | Moss | spud |
| blab | bled | slip | blog | plug |
| spam | Nell | Will | spot | fuss |

4.2

| A<br>ă | E<br>ĕ | I<br>ĭ | O<br>ŏ | U<br>ŭ |
|---|---|---|---|---|
| plan | sled | brim | plot | slug |
| slap | dress | drip | slog | drum |
| brat | press | prim | Ross | rust |
| dram | Tess | fill | prop | must |
| Stan | test | Bill | drop | Russ |

**20**

4.3

| A ă | E ĕ | I ĭ | O ŏ | U ŭ |
|---|---|---|---|---|
| pram | best | slim | boss | dull |
| Stan | step | Bill | stop | Russ |
| snap | Tess | list | Ross | snub |
| dram | test | prim | snob | must |
| past | sled | snip | prop | stub |

4.4

| A ă | E ĕ | I ĭ | O ŏ | U ŭ |
|---|---|---|---|---|
| plan | dress | Will | plot | snub |
| Brad | Nell | list | slog | drum |
| slap | press | brim | Ross | rust |
| snap | prep | drip | stop | slug |
| past | step | snip | snob | Russ |

4.5

| A ă | E ĕ | I ĭ | O ŏ | U ŭ |
|---|---|---|---|---|
| Brad | sped | slim | Moss | plug |
| dram | bled | slip | blog | spud |
| spam | test | lisp | spot | rust |
| blab | Tess | fill | drop | must |
| Stan | best | Bill | prop | fuss |

4.6

| A ă | E ĕ | I ĭ | O ŏ | U ŭ |
|---|---|---|---|---|
| Stan | sled | fill | drop | spud |
| pram | step | list | stop | plug |
| brat | dress | Will | boss | drum |
| plan | prep | snip | Moss | rust |
| spam | Nell | brim | snob | stub |

**22**

4.7

| A ă | E ĕ | I ĭ | O ŏ | U ŭ |
|-----|-----|-----|-----|-----|
| Brad | press | lisp | spot | stub |
| dram | sped | drip | prop | slug |
| slap | test | Bill | blog | dull |
| blab | bled | slip | Ross | must |
| snap | Tess | prim | plot | snub |

4.8

| A ă | E ĕ | I ĭ | O ŏ | U ŭ |
|-----|-----|-----|-----|-----|
| past | best | list | slog | fuss |
| spam | step | slim | stop | dull |
| pram | Nell | brim | snob | slug |
| slap | bled | slip | blog | must |
| Stan | test | Bill | Ross | snub |

*4.9*

| A ă | E ě | I ĭ | O ŏ | U ŭ |
|---|---|---|---|---|
| blab | | list | | plug |
| | sped | | prop | |
| slap | | snip | | rust |
| | prep | | slog | |
| Brad | | Bill | | fuss |

*4.10*

| A ă | E ě | I ĭ | O ŏ | U ŭ |
|---|---|---|---|---|
| Stan | | lisp | | stub |
| | dress | | stop | |
| pram | | prim | | drum |
| | Nell | | Ross | |
| brat | | fill | | Russ |

**24**

# Game 5
## Short vowels;
## 4-6 letters CK CL CR GL GR NK NG SH CH TCH SK

| A/a ă | E/e ě | I/i ĭ | O/o ŏ | U/u ŭ |
|-------|-------|-------|-------|-------|
| black | check | chick | clock | crust |
| clasp | chest | click | clog | clung |
| grab | crest | crib | cross | dusk |
| glass | spell | fish | shock | glum |
| grass | shed | drink | glob | grub |
| crank | chess | bring | honk | skunk |
| clang | sketch | shin | song | crush |
| crash | Greg | clinch | notch | slush |
| task | Clem | witch | botch | hunk |
| match | Glen | risk | Jock | Tuck |
| Champ | Bess | Rick | Rock | Chuck |

**25**

5.1

| A ă | E ě | I ǐ | O ǒ | U ǔ |
|---|---|---|---|---|
| black | check | chick | clock | crust |
| clasp | Bess | click | Rock | clung |
| grab | crest | crib | cross | dusk |
| glass | spell | fish | shock | glum |
| task | chest | witch | clog | Chuck |

5.2

| A ă | E ě | I ǐ | O ǒ | U ǔ |
|---|---|---|---|---|
| grass | shed | drink | clog | grub |
| task | chess | bring | honk | skunk |
| clang | sketch | shin | song | crush |
| crash | Greg | witch | notch | slush |
| match | Glen | risk | glob | Tuck |

5.3

| A<br>ă | E<br>ě | I<br>ĭ | O<br>ŏ | U<br>ŭ |
|---|---|---|---|---|
| task | Clem | witch | botch | hunk |
| grab | Glen | crib | cross | slush |
| glass | pell | risk | Jock | glum |
| crank | Greg | clinch | notch | dusk |
| match | crest | Rick | shock | Tuck |

5.4

| A<br>ă | E<br>ě | I<br>ĭ | O<br>ŏ | U<br>ŭ |
|---|---|---|---|---|
| clasp | check | click | botch | skunk |
| black | Bess | chick | cross | clung |
| grab | crest | crib | Rock | Tuck |
| Champ | shed | fish | clock | grub |
| grass | chess | drink | honk | crust |

5.5

| A ă | E ĕ | I ĭ | O ŏ | U ŭ |
|---|---|---|---|---|
| clang | spell | clinch | shock | glum |
| Champ | Greg | Rick | glob | hunk |
| glass | sketch | shin | Jock | slush |
| crank | chest | fish | notch | crush |
| match | Glen | risk | clog | Chuck |

5.6

| A ă | E ĕ | I ĭ | O ŏ | U ŭ |
|---|---|---|---|---|
| match | Glen | risk | botch | dusk |
| Champ | Bess | crib | Rock | Chuck |
| black | chest | Rick | shock | glum |
| grass | chess | bring | song | slush |
| crash | Greg | drink | glob | hunk |

**28**

5.7

| A ă | E ĕ | I ĭ | O ŏ | U ŭ |
|-----|-----|-----|-----|-----|
| clasp | check | click | cross | clung |
| match | shed | Rick | notch | crush |
| crank | chest | crib | Jock | crust |
| crash | Glen | fish | glob | Chuck |
| Champ | sketch | shin | honk | dusk |

5.8

| A ă | E ĕ | I ĭ | O ŏ | U ŭ |
|-----|-----|-----|-----|-----|
| black | crest | chick | clock | glum |
| grab | Clem | drink | clog | slush |
| grass | spell | clinch | Rock | grub |
| clang | chess | Rick | shock | Tuck |
| Champ | Greg | bring | song | skunk |

5.9

| A ă | E ĕ | I ĭ | O ŏ | U ŭ |
|-----|-----|-----|-----|-----|
| task |  | witch |  | hunk |
|  | Bess |  | botch |  |
| clang |  | risk |  | Chuck |
|  | sketch |  | clog |  |
| grass |  | drink |  | dusk |

5.10

| A ă | E ĕ | I ĭ | O ŏ | U ŭ |
|-----|-----|-----|-----|-----|
| grass |  | shin |  | grub |
|  | spell |  | shock |  |
| crash |  | Rick |  | slush |
|  | shed |  | song |  |
| task |  | clinch |  | hunk |

# Game 6

## Long vowels; 4 letters, any consonants

| A/a<br>ā | E/e<br>ē | I/i<br>ī | O/o<br>ō | U/u<br>ū |
|------|------|------|------|------|
| came | feet | size | joke | tool |
| tape | week | time | hope | fool |
| cake | feel | kite | vote | loop |
| face | keep | line | road | clue |
| wave | meat | nice | goal | glue |
| page | heat | wife | soap | blew |
| mail | leaf | like | boat | flew |
| rain | team | pipe | grow | stew |
| play | mean | high | blow | grew |
| gray | near | sigh | flow | knew |
| Gail | Jean | Mike | Rose | Newt |

**31**

6.1

| A $\bar{a}$ | E $\bar{e}$ | I $\bar{\imath}$ | O $\bar{o}$ | U $\bar{u}$ |
|---|---|---|---|---|
| came | feet | size | joke | tool |
| tape | week | Mike | hope | fool |
| cake | Jean | kite | Rose | loop |
| rain | keep | line | road | clue |
| Gail | feel | time | vote | Newt |

6.2

| A $\bar{a}$ | E $\bar{e}$ | I $\bar{\imath}$ | O $\bar{o}$ | U $\bar{u}$ |
|---|---|---|---|---|
| wave | meat | nice | goal | glue |
| page | heat | wife | soap | blew |
| Gail | leaf | Mike | boat | Newt |
| rain | team | pipe | grow | stew |
| mail | Jean | like | Rose | flew |

6.3

| A $\bar{a}$ | E $\bar{e}$ | I $\bar{\imath}$ | O $\bar{o}$ | U $\bar{u}$ |
|---|---|---|---|---|
| play | mean | high | Rose | grew |
| gray | near | line | flow | knew |
| page | Jean | wife | soap | Newt |
| face | keep | sigh | road | blew |
| Gail | heat | Mike | blow | clue |

6.4

| A $\bar{a}$ | E $\bar{e}$ | I $\bar{\imath}$ | O $\bar{o}$ | U $\bar{u}$ |
|---|---|---|---|---|
| came | week | size | hope | Newt |
| Gail | feet | pipe | joke | loop |
| cake | Jean | kite | Rose | fool |
| rain | team | Mike | grow | flew |
| tape | keep | like | blow | stew |

6.5

| A<br>ā | E<br>ē | I<br>ī | O<br>ō | U<br>ū |
|---|---|---|---|---|
| face | keep | kite | vote | clue |
| Gail | Jean | Mike | road | loop |
| play | feel | high | boat | knew |
| gray | near | nice | goal | grew |
| wave | meat | line | flow | glue |

6.6

| A<br>ā | E<br>ē | I<br>ī | O<br>ō | U<br>ū |
|---|---|---|---|---|
| came | week | kite | soap | clue |
| Gail | leaf | pipe | hope | flew |
| tape | feet | time | boat | glue |
| play | team | Mike | grow | tool |
| cake | Jean | size | joke | grew |

6.7

| A $\bar{a}$ | E $\bar{e}$ | I $\bar{\imath}$ | O $\bar{o}$ | U $\bar{u}$ |
|---|---|---|---|---|
| face | keep | line | vote | fool |
| Gail | mean | sigh | blow | blew |
| mail | meat | nice | Rose | stew |
| wave | Jean | Mike | road | loop |
| page | heat | wife | flow | Newt |

6.8

| A $\bar{a}$ | E $\bar{e}$ | I $\bar{\imath}$ | O $\bar{o}$ | U $\bar{u}$ |
|---|---|---|---|---|
| gray | near | like | goal | Newt |
| face | leaf | size | boat | tool |
| came | week | Mike | joke | blew |
| mail | team | sigh | soap | clue |
| Gail | Jean | kite | Rose | glue |

**35**

6.9

| A ā | E ē | I ī | O ō | U ū |
|---|---|---|---|---|
| cake | | time | | tool |
| | Jean | | joke | |
| face | | wife | | clue |
| | mean | | hope | |
| gray | | like | | knew |

6.10

| A ā | E ē | I ī | O ō | U ū |
|---|---|---|---|---|
| wave | | high | | glue |
| | feel | | boat | |
| page | | Mike | | loop |
| | keep | | Rose | |
| play | | pipe | | tool |

**36**

# Game 7
## Long vowels; 5-6 letters; any consonants

| A/a | E/e | I/i | O/o | U/u |
| --- | --- | --- | --- | --- |
| $\bar{a}$ | $\bar{e}$ | $\bar{\imath}$ | $\bar{o}$ | $\bar{u}$ |
| square | street | stripe | stroke | brute |
| frame | cheer | bride | broke | spruce |
| grape | queen | crime | drove | prune |
| stare | sheep | quite | chore | flute |
| shape | speak | smile | globe | blues |
| skate | beach | slide | quote | loose |
| braid | teach | right | throat | goose |
| train | wheat | flight | float | choose |
| chair | dream | cried | throw | juice |
| stray | cheap | fried | grown | fruit |
| Grace | Steve | Miles | Joan | Bruce |

7.1

| A $\bar{a}$ | E $\bar{e}$ | I $\bar{\imath}$ | O $\bar{o}$ | U $\bar{u}$ |
|---|---|---|---|---|
| square | street | stripe | stroke | brute |
| frame | Steve | bride | broke | Bruce |
| Grace | queen | crime | drove | prune |
| stare | sheep | quite | chore | flute |
| grape | cheer | Miles | Joan | spruce |

7.2

| A $\bar{a}$ | E $\bar{e}$ | I $\bar{\imath}$ | O $\bar{o}$ | U $\bar{u}$ |
|---|---|---|---|---|
| shape | speak | smile | globe | blues |
| skate | beach | slide | quote | Bruce |
| braid | teach | right | throat | goose |
| train | wheat | Miles | float | choose |
| Grace | Steve | flight | Joan | loose |

7.3

| A $\bar{a}$ | E $\bar{e}$ | I $\bar{\imath}$ | O $\bar{o}$ | U $\bar{u}$ |
|---|---|---|---|---|
| chair | dream | cried | throw | juice |
| stray | cheap | bride | grown | goose |
| Grace | teach | Miles | throat | Bruce |
| frame | cheer | fried | broke | spruce |
| braid | Steve | right | Joan | fruit |

7.4

| A $\bar{a}$ | E $\bar{e}$ | I $\bar{\imath}$ | O $\bar{o}$ | U $\bar{u}$ |
|---|---|---|---|---|
| square | Steve | stripe | broke | blues |
| frame | street | crime | stroke | Bruce |
| Grace | beach | Miles | Joan | prune |
| shape | speak | smile | quote | brute |
| skate | queen | slide | globe | fruit |

7.5

| A $\bar{a}$ | E $\bar{e}$ | I $\bar{\imath}$ | O $\bar{o}$ | U $\bar{u}$ |
|---|---|---|---|---|
| stray | sheep | flight | Joan | flute |
| grape | wheat | stripe | drove | spruce |
| braid | cheap | fried | throat | Bruce |
| train | teach | bride | float | choose |
| stare | Steve | quite | chore | loose |

7.6

| A $\bar{a}$ | E $\bar{e}$ | I $\bar{\imath}$ | O $\bar{o}$ | U $\bar{u}$ |
|---|---|---|---|---|
| frame | cheer | bride | Joan | goose |
| square | speak | slide | stroke | Bruce |
| chair | beach | right | grown | brute |
| stare | wheat | cried | broke | choose |
| shape | Steve | stripe | throat | spruce |

**40**

7.7

| A $\bar{a}$ | E $\bar{e}$ | I $\bar{i}$ | O $\bar{o}$ | U $\bar{u}$ |
|---|---|---|---|---|
| skate | street | crime | throw | prune |
| braid | teach | flight | float | juice |
| train | queen | quite | Joan | flute |
| Grace | Steve | Miles | chore | Bruce |
| stray | sheep | cried | globe | blues |

7.8

| A $\bar{a}$ | E $\bar{e}$ | I $\bar{i}$ | O $\bar{o}$ | U $\bar{u}$ |
|---|---|---|---|---|
| chair | dream | cried | throw | loose |
| stay | cheap | fried | grown | fruit |
| grape | cheer | Miles | drove | prune |
| skate | speak | smile | quote | juice |
| Grace | Steve | crime | Joan | Bruce |

*7.9*

| A ā | E ē | I ī | O ō | U ū |
|-----|-----|-----|-----|-----|
| frame | | crime | | spruce |
| | sheep | | Joan | |
| stare | | slide | | flute |
| | beach | | chore | |
| stray | | Miles | | fruit |

*7.10*

| A ā | E ē | I ī | O ō | U ū |
|-----|-----|-----|-----|-----|
| skate | | flight | | choose |
| | teach | | throat | |
| Grace | | Miles | | Bruce |
| | dream | | grown | |
| chair | | fried | | juice |

# Game 8
## Other vowels; 3-5 letters; any consonants

| ŭ | o͝o | o͞o | ô | ä(r) |
|------|--------|------|--------|--------|
| but | put | do | law | car |
| nut | full | fool | yawn | far |
| shut | pull | pool | dawn | hard |
| such | push | boot | walk | star |
| rust | good | food | chalk | cart |
| rush | book | blue | fall | part |
| duck | look | glue | call | mart |
| come | foot | rude | haul | lark |
| ton | would | suit | cause | calm |
| from | could | crew | Walt | palm |
| Dutch | Brooke | Drew | Paul | Mark |

   **43**   

8.1

| u ŭ | oo o͝o | oo o͞o | o ô | ar ä(r) |
|---|---|---|---|---|
| but | put | do | law | car |
| nut | push | Drew | yawn | far |
| shut | pull | pool | dawn | hard |
| such | could | boot | walk | part |
| rust | push | fool | Paul | star |

8.2

| u ŭ | oo o͝o | oo o͞o | o ô | ar ä(r) |
|---|---|---|---|---|
| such | good | food | chalk | cart |
| rush | book | blue | fall | car |
| duck | look | Drew | call | mart |
| come | foot | rude | haul | lark |
| from | could | crew | Walt | palm |

8.3

| u<br>ŭ | oo<br>o͝o | oo<br>o͞o | o<br>ô | ar<br>ä(r) |
|---|---|---|---|---|
| ton | would | suit | cause | calm |
| Dutch | pull | Drew | yawn | lark |
| shut | full | pool | Paul | Mark |
| come | foot | rude | haul | far |
| nut | Brooke | fool | dawn | hard |

8.4

| u<br>ŭ | oo<br>o͝o | oo<br>o͞o | o<br>ô | ar<br>ä(r) |
|---|---|---|---|---|
| rust | good | do | chalk | mart |
| rush | would | blue | call | Mark |
| duck | book | boot | Walt | cart |
| ton | Brooke | suit | cause | lark |
| Dutch | put | food | yawn | calm |

*8.5*

| u ŭ | oo ŏŏ | oo o͞o | o ô | ar ä(r) |
|---|---|---|---|---|
| duck | foot | Drew | haul | palm |
| from | good | glue | Walt | lark |
| shut | full | pool | call | Mark |
| come | Brooke | suit | Paul | hard |
| Dutch | would | fool | dawn | far |

*8.6*

| u ŭ | oo ŏŏ | oo o͞o | o ô | ar ä(r) |
|---|---|---|---|---|
| shut | book | food | law | mart |
| nut | put | blue | chalk | Mark |
| such | look | do | Walt | car |
| rust | full | Drew | yawn | palm |
| Dutch | Brooke | fool | fall | far |

**46**

8.7

| u<br>ŭ | oo<br>o͝o | oo<br>o͞o | o<br>ô | ar<br>ä(r) |
|---|---|---|---|---|
| but | pull | pool | dawn | hard |
| rush | foot | glue | Paul | part |
| duck | push | boot | walk | star |
| come | Brooke | Drew | haul | lark |
| Dutch | good | rude | fall | cart |

8.8

| u<br>ŭ | oo<br>o͝o | oo<br>o͞o | o<br>ô | ar<br>ä(r) |
|---|---|---|---|---|
| ton | would | suit | cause | part |
| from | could | glue | Paul | calm |
| Dutch | Brooke | crew | law | Mark |
| but | full | dawn | walk | star |
| shut | look | pool | call | mart |

8.9

| u<br>ŭ | oo<br>oo̯ | oo<br>o̅o̅ | o<br>ô | ar<br>ä(r) |
|---|---|---|---|---|
| such | | Drew | | part |
| | foot | | call | |
| ton | | do | | Mark |
| | push | | law | |
| rust | | suit | | calm |

8.10

| u<br>ŭ | oo<br>oo̯ | oo<br>o̅o̅ | o<br>ô | ar<br>ä(r) |
|---|---|---|---|---|
| but | | glue | | car |
| | book | | law | |
| such | | pool | | star |
| | put | | cause | |
| rush | | rude | | mart |

# Game 9
## Other vowels; various consonants and clusters

| ō | ou | oi | ô(r) | o͝o |
|------|-------|-------|--------|-------|
| low | how | boy | bore | book |
| tow | town | toy | sore | foot |
| slow | clown | soy | core | look |
| grow | drown | join | tore | cook |
| flow | crown | point | shore | rook |
| boat | brown | boil | wore | shook |
| groan | plow | foil | more | crook |
| throw | sound | soil | court | took |
| drove | pound | coil | poured | nook |
| grove | round | Troy | cord | good |
| Joan | Yao | Roy | Ford | Hook |

   **49**   

9.1

| /ow/ ō | /aw/ ou | /oy/ oi | /or/ ô(r) | /u/ ŏŏ |
|--------|---------|---------|-----------|--------|
| boat | how | boy | bore | book |
| tow | town | foil | more | shook |
| slow | clown | soy | core | look |
| grow | drown | join | tore | cook |
| low | plow | Roy | sore | Hook |

9.2

| /ow/ ō | /aw/ ou | /oy/ oi | /or/ ô(r) | /u/ ŏŏ |
|--------|---------|---------|-----------|--------|
| flow | crown | point | shore | rook |
| boat | Yao | foil | wore | shook |
| groan | plow | boil | more | book |
| throw | sound | Roy | court | took |
| Joan | brown | soil | Ford | crook |

9.3

| /ow/ | /aw/ | /oy/ | /or/ | /u/ |
| --- | --- | --- | --- | --- |
| ō | ou | oi | ô(r) | o͝o |
| drove | pound | coil | poured | nook |
| grove | sound | Troy | cord | Hook |
| Joan | town | Roy | sore | took |
| throw | round | soil | wore | crook |
| tow | brown | toy | court | good |

9.4

| /ow/ | /aw/ | /oy/ | /or/ | /u/ |
| --- | --- | --- | --- | --- |
| ō | ou | oi | ô(r) | o͝o |
| slow | how | boy | core | look |
| tow | pound | toy | shore | foot |
| grow | clown | Troy | bore | book |
| drove | Yao | coil | poured | rook |
| grove | crown | soy | cord | nook |

9.5

| /ow/ ō | /aw/ ou | /oy/ oi | /or/ ô(r) | /u/ ŏŏ |
|---|---|---|---|---|
| throw | drown | join | bore | cook |
| low | round | boy | sore | Hook |
| Joan | town | toy | tore | took |
| grow | pound | soil | Ford | good |
| tow | Yao | boil | cord | foot |

9.6

| /ow/ ō | /aw/ ou | /oy/ oi | /or/ ô(r) | /u/ ŏŏ |
|---|---|---|---|---|
| Joan | brown | boy | tore | foot |
| grove | how | boil | more | crook |
| low | Yao | soil | Ford | Hook |
| flow | plow | point | shore | book |
| drove | town | toy | bore | took |

9.7

| /ow/ ō | /aw/ ou | /oy/ oi | /or/ ô(r) | /u/ o͝o |
|--------|---------|---------|-----------|--------|
| throw | clown | Troy | sore | look |
| groan | Yao | soy | wore | nook |
| boat | drown | coil | Ford | Hook |
| flow | sound | join | core | cook |
| Joan | crown | foil | court | rook |

9.8

| /ow/ ō | /aw/ ou | /oy/ oi | /or/ ô(r) | /u/ o͝o |
|--------|---------|---------|-----------|--------|
| grow | pound | point | poured | shook |
| Joan | round | coil | cord | good |
| slow | Yao | join | Ford | Hook |
| tow | drown | soy | tore | cook |
| drove | sound | Roy | court | foot |

9.9

| /ow/ ō | /aw/ ou | /oy/ oi | /or/ ô(r) | /u/ o͝o |
|---|---|---|---|---|
| low | | boy | | look |
| | clown | | Ford | |
| slow | | soy | | shook |
| | how | | bore | |
| boat | | Roy | | good |

9.10

| /ow/ ō | /aw/ ou | /oy/ oi | /or/ ô(r) | /u/ o͝o |
|---|---|---|---|---|
| groan | | boil | | crook |
| | plow | | wore | |
| throw | | Troy | | look |
| | pound | | cord | |
| flow | | join | | book |

**54**

# Game 10
## Initial consonants TH and D;
## Final consonants  -T  -D  - ED

| TH | D | -T | -D | -ED |
|---|---|---|---|---|
| than | Dan | asked | lived | added |
| that | den | crashed | stayed | handed |
| then | dill | hopped | played | landed |
| them | day | stopped | named | ended |
| this | deal | liked | waved | waited |
| thus | dice | washed | rained | painted |
| they | dough | watched | spelled | needed |
| those | dune | talked | robbed | wanted |
| these | done | laughed | hugged | pointed |
| though | doze | hoped | raised | wasted |

**55**

10.1

| TH | D | -T | -D | -ED |
|------|------|---------|--------|---------|
| than | Dan | asked | lived | added |
| that | den | crashed | stayed | handed |
| then | dill | hopped | played | landed |
| them | day | stopped | named | ended |
| this | deal | liked | waved | waited |

10.2

| TH | D | -T | -D | -ED |
|-------|------|---------|---------|---------|
| thus | dice | washed | rained | painted |
| they | dough | watched | spelled | needed |
| those | dune | talked | robbed | wanted |
| these | done | laughed | hugged | pointed |
| though | doze | hoped | raised | wasted |

    **56**    

10.3

| TH | D | -T | -D | -ED |
|---|---|---|---|---|
| than | den | asked | stayed | handed |
| then | Dan | hopped | raised | landed |
| these | done | laughed | lived | pointed |
| though | doze | crashed | hugged | added |
| that | dill | hoped | played | wasted |

10.4

| TH | D | -T | -D | -ED |
|---|---|---|---|---|
| than | dice | washed | lived | added |
| then | den | crashed | played | handed |
| that | dough | hopped | stayed | landed |
| thus | Dan | asked | rained | needed |
| they | dill | watched | spelled | painted |

**57**

10.5

| TH | D | -T | -D | -ED |
|---|---|---|---|---|
| this | deal | stopped | named | wasted |
| them | day | liked | raised | wanted |
| these | dune | talked | robbed | waited |
| those | doze | hoped | hugged | pointed |
| though | done | laughed | raised | ended |

10.6

| TH | D | -T | -D | -ED |
|---|---|---|---|---|
| than | den | asked | stayed | added |
| that | Dan | crashed | lived | handed |
| these | doze | watched | raised | pointed |
| they | dill | hoped | played | wanted |
| though | dough | washed | spelled | ended |

10.7

| TH | D | -T | -D | -ED |
|------|------|---------|--------|---------|
| then | day | hopped | named | wasted |
| this | dune | watched | robbed | waited |
| thus | deal | stopped | waved | landed |
| those | done | talked | rained | painted |
| them | dice | liked | hugged | needed |

10.8

| TH | D | -T | -D | -ED |
|-------|------|--------|--------|---------|
| thus | dune | liked | raised | pointed |
| they | deal | hoped | spelled | painted |
| those | dough | talked | waved | ended |
| this | day | washed | rained | wanted |
| them | dice | laughed | named | needed |

**59**

10.9

| TH | D | -T | -D | -ED |
|---|---|---|---|---|
| then | | asked | | handed |
| | dill | | played | |
| thus | | stopped | | ended |
| | day | | raised | |
| though | | laughed | | wasted |

10.10

| TH | D | -T | -D | -ED |
|---|---|---|---|---|
| than | | liked | | added |
| | den | | waved | |
| this | | washed | | painted |
| | doze | | spelled | |
| they | | talked | | landed |

# Game 11
## Final consonants  S   S (z)  ES  SH  (T)CH

| /-S/ | /-Z/ | /-EZ/ | -SH | -(T)CH |
|------|------|-------|-----|--------|
| cats | cabs | dishes | cash | catch |
| lamps | pigs | wishes | lash | match |
| pants | dogs | bridges | crash | each |
| sticks | gloves | judges | splash | peach |
| socks | beds | lunches | fish | ditch |
| moths | planes | mazes | wish | pitch |
| grapes | snails | sizes | blush | stitch |
| plates | trays | noses | bush | much |
| snakes | trees | horses | wash | watch |
| months | flies | watches | brush | crutch |

11.1

| /-S/ | /-Z/ | /-EZ/ | -SH | -(T)CH |
|---|---|---|---|---|
| cats | cabs | dishes | cash | catch |
| lamps | pigs | wishes | lash | match |
| pants | dogs | bridges | crash | each |
| sticks | gloves | judges | splash | peach |
| socks | beds | lunches | fish | ditch |

11.2

| /-S/ | /-Z/ | /-EZ/ | -SH | -(T)CH |
|---|---|---|---|---|
| moths | planes | mazes | wish | pitch |
| grapes | snails | sizes | bush | stitch |
| plates | trays | noses | brush | much |
| snakes | trees | horses | wash | watch |
| months | flies | watches | blush | crutch |

11.3

| /-S/ | /-Z/ | /-EZ/ | -SH | -(T)CH |
|------|------|-------|-----|--------|
| lamps | gloves | judges | splash | peach |
| socks | trees | horses | fish | much |
| snakes | cabs | dishes | wash | catch |
| plates | trays | noses | brush | watch |
| pants | beds | lunches | cash | ditch |

11.4

| /-S/ | /-Z/ | /-EZ/ | -SH | -(T)CH |
|------|------|-------|-----|--------|
| grapes | cabs | sizes | cash | match |
| lamps | planes | wishes | wish | catch |
| pants | pigs | bridges | crash | stitch |
| moths | dogs | mazes | lash | each |
| cats | snails | dishes | bush | pitch |

**63**

115

| /-S/ | /-Z/ | /-EZ/ | -SH | -(T)CH |
|------|------|-------|-----|--------|
| months | gloves | watches | splash | crutch |
| socks | trees | lunches | wash | watch |
| plates | trays | noses | brush | much |
| snakes | beds | horses | fish | ditch |
| sticks | flies | judges | blush | peach |

11.6

| /-S/ | /-Z/ | /-EZ/ | -SH | -(T)CH |
|------|------|-------|-----|--------|
| lamps | pigs | lunches | crash | match |
| cats | beds | mazes | splash | peach |
| sticks | trays | dishes | fish | ditch |
| pants | planes | noses | bush | much |
| socks | trees | watches | wash | stitch |

**64**

*11.7*

| /-S/ | /-Z/ | /-EZ/ | -SH | -(T)CH |
|---|---|---|---|---|
| moths | cabs | wishes | wish | catch |
| plates | snails | sizes | cash | pitch |
| grapes | dogs | bridges | brush | each |
| months | flies | horses | lash | watch |
| snakes | gloves | judges | blush | crutch |

*11.8*

| /-S/ | /-Z/ | /-EZ/ | -SH | -(T)CH |
|---|---|---|---|---|
| lamps | dogs | bridges | crash | each |
| sticks | gloves | mazes | bush | stitch |
| moths | planes | sizes | blush | watch |
| grapes | snails | wishes | brush | pitch |
| cats | pigs | lunches | wish | match |

11.9

| /-S/ | /-Z/ | /-EZ/ | -SH | -(T)CH |
|------|------|-------|-----|--------|
| moths |  | wishes |  | each |
|  | cabs |  | brush |  |
| plates |  | sizes |  | crutch |
|  | dogs |  | lash |  |
| lamps |  | noses |  | ditch |

11.10

| /-S/ | /-Z/ | /-EZ/ | -SH | -(T)CH |
|------|------|-------|-----|--------|
| months |  | bridges |  | watch |
|  | flies |  | fish |  |
| snakes |  | horses |  | much |
|  | trays |  | blush |  |
| cats |  | mazes |  | peach |

**66**

# Game 12
## Initial consonants S  T  P  N  D; short vowels

| S | T | P | N | D |
|---|---|---|---|---|
| sat | tan | pan | nap | dad |
| sad | tap | pat | net | den |
| set | ten | pass | nest | did |
| sped | tip | pet | next | dip |
| sit | tin | pest | not | drip |
| sip | tot | pen | nod | dish |
| slip | top | pop | nut | dot |
| skit | toss | pun | Ned | Don |
| spot | trot | pup | Nell | Deb |
| Stan | Todd | Pam | Nan | Dan |

12.1

| S | T | P | N | D |
|---|---|---|---|---|
| sat | Todd | pan | Nell | dish |
| sad | tap | pat | net | den |
| set | ten | pass | nest | did |
| sped | tip | pet | next | dip |
| Stan | tan | pest | nap | Dan |

12.2

| S | T | P | N | D |
|---|---|---|---|---|
| sit | tin | pat | Ned | drip |
| sip | tot | pen | nod | dish |
| Stan | tap | pest | nut | Don |
| slip | toss | pun | not | dip |
| spot | trot | pup | Nell | Deb |

**68**

12.3

| S | T | P | N | D |
|---|---|---|---|---|
| sped | tan | pet | nut | Don |
| skit | top | pun | Nan | dot |
| sat | tip | pan | nap | dad |
| slip | top | pop | next | drip |
| Stan | toss | Pam | Ned | dip |

12.4

| S | T | P | N | D |
|---|---|---|---|---|
| sad | top | pen | Nan | did |
| sat | tin | pat | nest | dish |
| set | ten | pass | net | dad |
| sip | tap | pup | nod | Dan |
| sit | tot | pan | Ned | den |

12.5

| S | T | P | N | D |
|---|---|---|---|---|
| sit | trot | pet | Nell | did |
| sip | top | Pam | nut | Dan |
| sad | ten | pup | nap | dot |
| skit | tan | pun | not | dip |
| spot | tip | pop | next | Deb |

12.6

| S | T | P | N | D |
|---|---|---|---|---|
| sped | tot | pest | not | dad |
| set | tan | pan | nap | dot |
| Stan | top | pen | Nell | did |
| slip | tap | Pam | net | Don |
| skit | Todd | pat | nest | den |

**70**

12.7

| S | T | P | N | D |
|---|---|---|---|---|
| sat | ten | pass | next | dip |
| sad | toss | Pam | Ned | Deb |
| sip | Todd | pop | not | drip |
| spot | trot | pun | nod | Dan |
| Stan | tin | pet | Nan | dish |

12.8

| S | T | P | N | D |
|---|---|---|---|---|
| sit | tip | pup | nut | dish |
| sped | Todd | Pam | nod | Deb |
| Stan | tin | pest | Nan | dot |
| set | toss | pop | net | dad |
| skit | trot | pun | next | den |

12.9

| S | T | P | N | D |
|---|---|---|---|---|
| Stan | | pop | | drip |
| | ten | | Nell | |
| skit | | pan | | Deb |
| | tot | | nod | |
| sip | | pet | | Dan |

12.10

| S | T | P | N | D |
|---|---|---|---|---|
| sad | | Pam | | Don |
| | toss | | nest | |
| sped | | pun | | dip |
| | Todd | | Nan | |
| spot | | pup | | dot |

**72**

# Game 13
## Initial consonants B  M  L  R  C; short vowels

| B | M | L | R | C |
|---|---|---|---|---|
| bat | man | lap | rat | can |
| ban | men | lab | ram | cab |
| bass | mess | lad | red | crab |
| bet | met | leg | rip | cop |
| bell | miss | let | rib | cod |
| bled | mill | lit | rim | cost |
| bit | mop | lip | rot | crop |
| brim | mom | lid | rob | cut |
| boss | moss | lot | run | cub |
| bud | mud | loss | rub | club |
| Bill | Matt | Les | Ross | Cass |

**73**

13.1

| B | M | L | R | C |
|---|---|---|---|---|
| bat | met | Les | rat | cub |
| ban | man | lab | ram | cab |
| bass | men | lad | red | crab |
| bet | mess | let | rip | cop |
| Bill | Matt | lap | Ross | can |

13.2

| B | M | L | R | C |
|---|---|---|---|---|
| bell | miss | leg | rib | cod |
| bled | Matt | lit | rim | cost |
| bit | mop | lip | ram | crop |
| brim | mom | lid | rob | cut |
| Bill | mill | Les | rot | club |

Photocopyable for classroom use.

13.3

| B | M | L | R | C |
|---|---|---|---|---|
| boss | moss | lot | red | crab |
| bud | mud | lad | rub | club |
| bit | men | Les | rat | crop |
| bass | Matt | loss | run | cub |
| Bill | mop | lip | rot | Cass |

13.4

| B | M | L | R | C |
|---|---|---|---|---|
| ban | met | lap | ram | can |
| bat | men | lab | rat | crab |
| bass | man | lad | red | cab |
| Bill | mud | Les | run | club |
| bud | Matt | loss | rub | cut |

13.5

| B | M | L | R | C |
|---|---|---|---|---|
| bell | miss | leg | Ross | cop |
| bet | mess | let | rib | Cass |
| bled | Matt | lip | rim | cost |
| Bill | mop | lit | rot | crop |
| bit | mill | Les | rip | cod |

13.6

| B | M | L | R | C |
|---|---|---|---|---|
| bet | met | lot | Ross | club |
| brim | mom | lid | rob | cut |
| boss | mud | let | rub | cub |
| bud | moss | loss | run | Cass |
| bit | men | lad | red | crab |

13.7

| B | M | L | R | C |
|------|------|------|------|------|
| bass | met | lap | red | Cass |
| ban | man | leg | rib | can |
| bet | moss | lab | rim | cop |
| bled | mess | let | Ross | cost |
| boss | mop | lip | ram | cut |

13.8

| B | M | L | R | C |
|------|------|------|------|------|
| bat | mom | lot | Ross | cab |
| bell | mud | lab | rat | crab |
| bud | man | leg | rip | cod |
| bit | miss | lit | rot | Cass |
| brim | mill | lid | rob | crop |

**77**

13.9

| B | M | L | R | C |
|---|---|---|---|---|
| boss | | leg | | crab |
| | moss | | rub | |
| bud | | lot | | cub |
| | mud | | run | |
| Bill | | loss | | club |

13.10

| B | M | L | R | C |
|---|---|---|---|---|
| bat | | lad | | cop |
| | men | | Ross | |
| bit | | Les | | cost |
| | miss | | rot | |
| bled | | lid | | cut |

# Game 14

## Initial consonants K  G  H  F  V; all vowels

| K | G | H | F | V |
|---|---|---|---|---|
| kid | gap | hat | fat | van |
| kit | grab | hen | fit | vat |
| kiss | get | hill | fog | vast |
| kill | got | hiss | fun | vest |
| kale | grin | hop | fuss | vend |
| keep | gum | hog | fate | vent |
| kite | gull | hate | feel | vain |
| kind | gate | heel | file | veal |
| Ken | goal | hide | fold | vile |
| Kate | glue | home | fool | vote |
| Kim | Gwen | Hal | Fran | Vance |

**79**

14.1

| K | G | H | F | V |
|------|------|------|------|------|
| Kate | gap | hat | Fran | van |
| kit | grab | hen | fit | vat |
| kind | grin | hill | file | vast |
| kiss | got | hiss | fun | vest |
| Kim | get | heel | fat | vent |

14.2

| K | G | H | F | V |
|------|------|------|------|------|
| kill | grin | hop | fuss | vend |
| kale | gum | hog | fate | van |
| kid | gull | hate | feel | vain |
| kite | gate | hiss | file | veal |
| keep | Gwen | heel | fit | vent |

    **80**    

14.3

| K | G | H | F | V |
|---|---|---|---|---|
| kid | goal | hide | fold | vile |
| keep | gull | home | fool | vast |
| Kim | gate | hate | feel | Vance |
| kind | got | hill | fog | vote |
| Kate | glue | hop | Fran | vain |

14.4

| K | G | H | F | V |
|---|---|---|---|---|
| Ken | goal | Hal | fit | veal |
| kill | gap | hat | fat | vat |
| Kim | gull | hen | fold | vile |
| kit | glue | home | fool | van |
| kid | grab | hide | fun | vote |

14.5

| K | G | H | F | V |
|---|---|---|---|---|
| kill | got | hide | fold | vest |
| kiss | glue | hill | fog | Vance |
| kale | Gwen | Hal | Fran | vast |
| Kate | get | home | fool | vote |
| Ken | goal | hiss | fun | vile |

14.6

| K | G | H | F | V |
|---|---|---|---|---|
| Kate | gate | heel | fog | vat |
| kind | grin | Hal | feel | vain |
| keep | gum | hog | fate | Vance |
| kite | Gwen | hate | fuss | vend |
| kale | get | hen | Fran | veal |

14.7

| K | G | H | F | V |
|---|---|---|---|---|
| Ken | grab | hiss | fool | van |
| kit | get | Hal | Fran | vend |
| kill | gum | hill | fuss | Vance |
| kale | Gwen | hop | fat | vent |
| kind | got | home | fate | vote |

14.8

| K | G | H | F | V |
|---|---|---|---|---|
| Kim | goal | hat | Fran | vat |
| kiss | gap | hate | fog | vain |
| keep | Gwen | hen | fun | vast |
| kite | glue | Hal | feel | Vance |
| Kate | grin | hog | file | vest |

14.9

| K | G | H | F | V |
|---|---|---|---|---|
| kid |  | hill |  | vile |
|  | get |  | Fran |  |
| kiss |  | Hal |  | vest |
|  | gate |  | fool |  |
| kill |  | hiss |  | Vance |

14.10

| K | G | H | F | V |
|---|---|---|---|---|
| kit |  | hen |  | vote |
|  | got |  | fold |  |
| Ken |  | home |  | vent |
|  | goal |  | fate |  |
| keep |  | lid |  | vat |

# Game 15
## Initial consonants QU  Z  J  W  Y; all vowels

| QU | Z | J | W | Y |
|---|---|---|---|---|
| quack | zap | jazz | wax | yam |
| quest | zag | jam | well | yak |
| quill | zest | jet | wilt | yes |
| quick | zen | jot | wish | yell |
| quit | zip | job | wok | yet |
| quail | zeal | jump | waste | year |
| quake | zone | just | week | yield |
| queen | zoo | junk | wipe | yoke |
| quite | Zeke | jail | woke | youth |
| quote | Zack | joke | wood | young |
| Quin | Zane | Joe | Will | yawn |

15.1

| QU | Z | J | W | Y |
|------|------|------|------|------|
| quack | zap | jazz | wax | yam |
| quest | zag | jam | well | yak |
| quit | Zane | jet | Will | yes |
| quick | zen | jot | wish | yell |
| Quin | zest | Joe | wilt | yawn |

15.2

| QU | Z | J | W | Y |
|------|------|------|------|------|
| quail | Zeke | job | wok | yet |
| quake | zeal | Joe | waste | year |
| queen | zone | just | week | yield |
| quote | zoo | junk | wipe | yoke |
| Quin | Zane | jump | Will | yawn |

15.3

| QU | Z | J | W | Y |
|---|---|---|---|---|
| quite | zip | jail | woke | youth |
| quote | zone | just | week | yield |
| Quin | Zane | Joe | Will | yak |
| queen | zag | jam | wood | yawn |
| quest | Zack | joke | well | young |

15.4

| QU | Z | J | W | Y |
|---|---|---|---|---|
| queen | Zane | just | Will | yoke |
| quack | zag | jazz | week | yield |
| quest | zap | jam | well | yam |
| quake | zone | Joe | wax | yak |
| Quin | zoo | junk | wipe | yawn |

15.5

| QU | Z | J | W | Y |
|----|----|----|----|----|
| Quin | Zeke | joke | Will | yes |
| quote | zag | jet | woke | yell |
| quite | zen | jot | wish | youth |
| quick | zest | jail | wilt | young |
| quill | Zack | Joe | wood | yam |

15.6

| QU | Z | J | W | Y |
|----|----|----|----|----|
| quail | Zack | jam | waste | yawn |
| quit | zap | junk | wok | yet |
| quote | zeal | jump | woke | yam |
| queen | zip | job | wood | yield |
| quest | zest | jot | wipe | year |

15.7

| QU | Z | J | W | Y |
|----|---|---|---|---|
| quite | zoo | job | wax | year |
| quack | zap | jet | wish | yell |
| quit | zen | joke | waste | yoke |
| quill | Zack | jail | wood | yawn |
| quake | zone | just | wipe | youth |

15.8

| QU | Z | J | W | Y |
|----|---|---|---|---|
| quill | Zeke | jazz | wipe | yet |
| quest | zest | jot | wok | year |
| quick | zip | jump | week | yoke |
| quail | zeal | just | wilt | young |
| queen | Zack | jail | wipe | yes |

15.9

| QU | Z | J | W | Y |
|---|---|---|---|---|
| quote | | Joe | | yam |
| | zap | | Will | |
| quake | | jazz | | yes |
| | zest | | wilt | |
| quite | | jam | | yet |

15.10

| QU | Z | J | W | Y |
|---|---|---|---|---|
| queen | | jet | | yak |
| | Zane | | wax | |
| quail | | jump | | yell |
| | zoo | | well | |
| quick | | jail | | yawn |

**91**

# Resources

**Index Card Games for ESL.** 7 game techniques using index cards give practice with vocabulary, grammar, pronunciation, speaking, listening. Photocopyable material is appropriate for students at different proficiency levels.

**Match It!** Another photocopyable collection of index card games. The game "Match It!" is similar to "Concentration." The materials range in difficulty from basic/easy to advanced/difficult.

**Pronunciation Card Games.** A photocopyable collection of index card games working on minimal pairs, syllabification, stress, and intonation.

**The Great Big Bingo Book.** A photocopyable collection of bingo games, providing practice with grammar, vocabulary, writing, pronunciation, and cultural information.

**Shenanigames.** 49 games practicing specific grammar points of graded difficulty. They are appropriate for students from middle school to adult.

**The ESL Miscellany.** A single-volume teacher resource book with dozens of lists of grammatical information, vocabulary topics, cultural information, miscellaneous material (punctuation rules, spelling rules, abbreviations, maps, gestures, etc.). A great resource for developing games and other lesson materials.

**Lexicarry.** Hundreds of uncaptioned pictures which get students talking about language, learning vocabulary, and discussing what language is appropriate in the pictured situations. Includes functions, sequences, operations, topics, and proverbs. Ideal for pair and small group work. A word list in the back allows for self-study. Wordlists in other languages and a teacher's guide are free at www.Lexicarry.com. Over 4500 words.

**English Interplay: Surviving.** A first text for beginning adolescents and adults. Students work in pairs, triads, and small groups, learning basic grammar, spelling, pronunciation, numbers, and a 700-word vocabulary.

**Rhymes and Rhythms.** 32 original poems/chants for practicing basic grammar and pronunciation and learning vocabulary. The rhymes progress from short and easy to longer, more challenging. This is a photocopyable text with an optional CD of all the rhymes read once deliberately and then read again at natural speed.

*Pro Lingua Associates • 800-366-4775 • www.ProLinguaAssociates.com*